HANDTASCHEN
KOCHBUCH
Vegetarisch

Rezepte: Angelika Ilies
Fotos: Wolfgang Schardt

LUST AUF...?

Die bei den Rezepten angegebenen
Zutaten machen 2 Personen satt.

Das Blättchen 🌿 beim Rezepttitel
markiert vegane Rezepte.

SALATE

ERBSENSALAT MIT OMELETT-SCHNECKEN

Klassiker auf neue Art

300 g TK-Erbsen
Salz
4 Eier
Pfeffer
1 TL Butter
2 EL Apfelessig
2 EL Öl

2 EL Schafsmilch-
Joghurt (ersatzweise
Naturjoghurt)
1 Handvoll Feldsalat
Zubereitung: 25 Min.
pro Portion ca. 420 kcal

1 Die Erbsen in wenig leicht gesalzenem Wasser in einem kleinen Topf 6–8 Min. dünsten.

2 Die Eier gründlich mit Salz und Pfeffer verquirlen. Die Butter in einer breiten beschichteten Pfanne zerlassen und die Eier darin bei schwacher Hitze in ca. 5 Min. zum Omelett stocken lassen. Das Omelett aufrollen und in 1 cm dicke Scheiben schneiden.

3 Essig, Öl, Joghurt, Salz und Pfeffer verquirlen. Die Erbsen gut abtropfen lassen und im Dressing wenden. Den Feldsalat waschen, putzen und in einem Sieb abtropfen lassen. Die Erbsen mit Dressing auf dem Feldsalat anrichten und mit Omelett-Schnecken garnieren.

ROTE-BETE-TELLER MIT KÄSE

Blitzschneller Vitaminspender

400 g gekochte, geschälte Rote Bete (vakuumverpackt)
1 TL geriebener Meerrettich (Glas)
Salz, Pfeffer
3 EL Öl

3 EL Crema balsamico (ersatzweise Aceto balsamico)
75 g milder Edelpilzkäse
3 EL frische Kresse
Zubereitung: 15 Min.
pro Portion ca. 360 kcal

1   Rote Bete in ½ cm dicke Scheiben schneiden – dabei am besten Küchenhandschuhe anziehen. Die Scheiben überlappend auf Tellern auslegen.

2   Meerrettich, Salz, Pfeffer, Öl und Crema balsamico verquirlen und herzhaft abschmecken. Über die Rote Beten träufeln.

3   Edelpilzkäse würfeln und auf das Carpaccio streuen. Die Kresse kalt abbrausen, trocken schütteln und das Carpaccio damit garnieren. Dazu schmeckt Zwiebelbrot.

🌿 SPANISCHER ORANGENSALAT

Fruchtig und scharf

3 Orangen
3 kleine rote Zwiebeln
Saft von ½ Zitrone
3 EL Olivenöl
Salz

Pfeffer
1 Prise Chiliflocken
2 EL Mandelstifte
Zubereitung: 20 Min.
pro Portion ca. 290 kcal

1   Die Orangen mit einem großen, sehr scharfen Messer schälen. Die weiße Außenhaut dabei vollständig entfernen. Die Früchte in Scheiben schneiden, die Scheiben halbieren und auf einer Platte auslegen.

2   Die Zwiebeln schälen und in hauchdünne Scheiben schneiden, in Ringe teilen und auf die Orangen streuen.

3   Zitronensaft, Olivenöl, Salz, Pfeffer und Chiliflocken verquirlen, über Zwiebeln und Orangen träufeln. Die Mandeln in einer Pfanne ohne Fett rösten, bis sie duften und auf den Salat streuen. Dazu schmeckt Baguette.

PASTASALAT MIT ROTEN LINSEN

Nudeln mit Asia-Touch

100 g Fusilli
Salz
50 g rote Linsen
⅛ l Gemüsebrühe
3 Frühlingszwiebeln
100 g Mungobohnen-
  sprossen
2 EL Essig
2 EL Öl
2 EL süßsaure Chili-
  sauce
Pfeffer
etwas Koriandergrün
  nach Belieben
Zubereitung: 20 Min.
pro Portion ca. 365 kcal

1 Fusilli in reichlich kochendem Salzwasser bissfest garen. Die Linsen in die kochende Brühe einstreuen und zugedeckt bei schwacher Hitze 8–10 Min. garen.

2 Die Frühlingszwiebeln waschen, putzen und in feine Ringe schneiden. Die Sprossen kalt abbrausen und gut abtropfen lassen.

3 Essig, Öl, Chilisauce, Salz und Pfeffer verrühren. Nudeln und Linsen in einem Sieb abtropfen lassen und mit Frühlingszwiebeln und Sprossen mischen, dann mit dem Dressing vermengen. Koriandergrün waschen, trocken schütteln, hacken und über den Salat streuen.

PILZSALAT MIT GERÖSTETEN BREZELN

Leichter Sattmacher

2 Laugenbrezeln
4 EL Öl
1–2 TL Currypulver
350 g gemischte Pilze
    (z. B. Champignons,
    Shiitake, Kräuterseit-
    linge, Austernpilze)

Salz, Pfeffer
5 EL Weinessig
2 EL süßsaure Chili-
    sauce
einige Salatblätter
Zubereitung: 25 Min.
pro Portion ca. 360 kcal

1 Die Brezeln würfeln. 2 EL Öl in einer breiten beschichteten Pfanne erhitzen, Curry einrühren und die Brezeln darin rösten. Beiseitestellen.

2 Die Pilze feucht abreiben, putzen und in Scheiben schneiden. Das restliche Öl in der Pfanne erhitzen, die Pilze anbraten. Mit Salz und Pfeffer würzen und 4–5 Min. braten. Dann Weinessig und Chilisauce über die Pilze träufeln und die Pfanne vom Herd nehmen.

3 Salat putzen, waschen, trocken schleudern und mit Pilzen auf zwei Teller verteilen. Die Curry-Brezeln darübergeben.

FELDSALAT MIT BIRNE UND APRIKOSEN

Schneller Fitmacher

100 g Feldsalat
2 kleine Birnen
3 EL Zitronensaft
75 g weiche getrocknete
   Aprikosen
30 g Walnusskerne
3 EL Birnen- oder
   Apfelessig
Salz

Pfeffer
½ TL gemahlener
   Koriander
2 EL Sonnenblumenöl
2 EL Walnussöl
2–3 EL Birnen- oder
   Apfelsaft
Zubereitung: 20 Min.
pro Portion ca. 430 kcal

1 Feldsalat putzen, verlesen, kalt abbrausen und gut trocken schütteln. Birnen waschen, trocken reiben, vierteln und entkernen, die Viertel in Scheiben schneiden und in Zitronensaft wenden.

2 Die Aprikosen klein schneiden, die Walnusskerne grob hacken. Alle Zutaten mischen.

3 Essig mit Salz, Pfeffer und Koriander verrühren. Beide Ölsorten mit einem Schneebesen unterschlagen. Den Saft einrühren, abschmecken und mit den übrigen Zutaten mischen. Dazu passen Baguettebrötchen.

KOHLRABI-CARPACCIO MIT BROTCHIPS

Kernig-knuspriger Genuss

2–3 Kohlrabiknollen
1 kleine Bio-Orange
3 EL Kürbiskernöl
Salz
Pfeffer

2 EL Kürbiskerne
2 Baguettebrötchen
2 EL Olivenöl
Zubereitung: 20 Min.
pro Portion ca. 385 kcal

1 Kohlrabi schälen, zarte Blättchen beiseitelegen. Die Knollen in hauchdünne Scheiben schneiden oder hobeln, auf Tellern auslegen.

2 Die Orange heiß abwaschen und abtrocknen. Etwas Orangenschale in feinen Spänen abziehen, den Saft auspressen und mit Kürbiskernöl, Salz und Pfeffer verquirlen. Alles über die Kohlrabischeiben träufeln. Kürbiskerne und Kohlrabigrün aufstreuen.

3 Die Brötchen in ganz dünne Scheiben schneiden, halbieren und in einer breiten beschichteten Pfanne im heißen Öl knusprig rösten. Zum Carpaccio geben.

SUPPEN

🌿 SCHARFE LINSENSUPPE MIT MANGO

Indischer Klassiker

1 Zwiebel
1 EL Öl
1 Knoblauchzehe
2 TL scharfes Currypulver
½ l Gemüsebrühe
100 g gelbe Linsen (ersatzweise rote Linsen)

2 Tomaten
½ kleine reife Mango
Salz
1 EL Zitronensaft
Zubereitung: 30 Min.
pro Portion ca. 235 kcal

1 Zwiebel schälen, klein würfeln. Öl in einem Topf erhitzen und Zwiebelwürfel darin anbraten. Knoblauch schälen und dazupressen. Curry einstreuen und mitbraten, dann mit der Brühe ablöschen. Linsen zugeben und zugedeckt bei schwacher Hitze 20 Min. garen (rote Linsen brauchen nur 10 Min.).

2 Tomaten waschen, entkernen und klein würfeln. Mango schälen, das Fruchtfleisch vom Stein lösen und ebenfalls würfeln.

3 Die Suppe mit Salz und Zitronensaft abschmecken. Zum Servieren Tomaten- und Mangowürfel dazugeben.

SÜSSKARTOFFELSUPPE MIT AVOCADO

Raffiniert kombiniert

250 g Süßkartoffeln	⅛ TL Zimtpulver
1 Zwiebel	1 kleine Avocado
2 EL Butter	Saft von 1 Orange
¼ l Gemüsebrühe	Salz, Pfeffer
1 Scheibe Toastbrot	*Zubereitung: 25 Min.*
1 TL Zucker	*pro Portion ca. 490 kcal*

1 Süßkartoffeln und Zwiebel schälen und würfeln. Die Zwiebeln in 1 TL Butter glasig andünsten. Süßkartoffeln dazugeben und mit Brühe ablöschen. Aufkochen und zugedeckt 10 Min. köcheln lassen.

2 Den Toast entrinden und würfeln und in der restlichen Butter in einer Pfanne goldbraun rösten. Zucker und Zimt einstreuen, leicht karamellisieren. Die Avocado halbieren, entsteinen, schälen und klein würfeln.

3 Die Süßkartoffeln pürieren, den Orangensaft einrühren und mit Salz und Pfeffer abschmecken. Die Suppe auf Teller verteilen und mit Toast- und Avocadowürfeln garnieren.

MEXIKANISCHE KICHERERBSENSUPPE

Superwürzig und leicht scharf

1 rote Peperoni
1 Zwiebel
1 EL Öl
1 Knoblauchzehe
2 TL gemahlener
   Kreuzkümmel
1 TL edelsüßes Paprika-
   pulver

½ l Gemüsebrühe
1 Dose Kichererbsen
   (ca. 265 g)
Salz, Pfeffer
2 EL Schmand
etwas Minze
Zubereitung: 20 Min.
pro Portion ca. 230 kcal

1   Peperoni waschen, entkernen und in feine Streifen schneiden. Die Zwiebel schälen, klein würfeln und in einem Topf im Öl glasig andünsten. Den Knoblauch schälen und dazupressen. Peperoni, Kreuzkümmel und Paprikapulver kurz mitbraten, mit Brühe ablöschen.

2   Die Kichererbsen abtropfen lassen und einrühren, 5 Min. köcheln lassen. Die Suppe leicht pürieren.

3   Noch einmal aufkochen, mit Salz und Pfeffer abschmecken. Zum Servieren Schmand und etwas gehackte Minze daraufgeben.

PETERSILIENSUPPE
MIT CROÛTONS

Gästefein und leicht knofelig

½ Bund glatte Petersilie	Salz, Pfeffer
120 g Kartoffeln	2 EL Olivenöl
220 g Petersilien-	1 Knoblauchzehe
wurzeln	1 Scheibe Bauernbrot
½ l Gemüsebrühe	***Zubereitung: 25 Min.***
50 g Crème fraîche	***pro Portion ca. 320 kcal***

1   Die Petersilie waschen und trocken schütteln, die Blätter von den Stängeln zupfen. Kartoffeln und Petersilienwurzeln schälen und grob würfeln, mit Petersilienstängeln und Brühe aufkochen. Zugedeckt ca. 15 Min. kochen lassen. Zuletzt den Großteil der Petersilienblätter zugeben.

2   Die Suppe fein pürieren. Crème fraîche einrühren, mit Salz und Pfeffer abschmecken. Wieder aufkochen.

3   Das Olivenöl in einer Pfanne erhitzen und den Knoblauch dazupressen. Das Brot würfeln und im Knoblauchöl rösten. Die Croûtons zum Servieren mit den restlichen grob gehackten Petersilienblättchen auf die Suppe geben.

MARONENSUPPE MIT THYMIANPILZEN

Herbstlicher Genuss

1 Zwiebel	6 Zweige Thymian
1 EL Butter	Salz
200 g geschälte Maronen (vakuumverpackt)	Pfeffer
	2 EL Schmand
½ l Gemüsebrühe	1 TL Honig
125 g Kräuterseitlinge oder Champignons	***Zubereitung: 20 Min.***
	pro Portion ca. 330 kcal

1   Die Zwiebel schälen und würfeln, in 1 TL Butter in einem Topf andünsten. Die Maronen grob hacken und mit der Brühe zu den Zwiebeln geben. Aufkochen und 10 Min. zugedeckt sanft köcheln lassen.

2   Pilze putzen und würfeln, Thymianblättchen abzupfen. Beides mit der restlichen Butter in einer kleinen Pfanne 3–4 Min. braten. Mit Salz und Pfeffer würzen.

3   Die Suppe pürieren, 1 EL Schmand einrühren. Mit Salz, Pfeffer und Honig abschmecken. Die Pilzmischung und den restlichen Schmand zum Servieren daraufgeben.

BLUMENKOHLSUPPE MIT CURRY-HAUBE

Zum Dahinschmelzen

300 g Blumenkohlrös-
  chen (frisch oder TK)
400 ml Gemüsebrühe
Salz
Pfeffer
geriebene Muskatnuss

1 Prise Cayennepfeffer
½ Bund Schnittlauch
75 g Schlagsahne
1 TL Currypulver
Zubereitung: 25 Min.
pro Portion ca. 160 kcal

1 Blumenkohl evtl. waschen, mit der Brühe in einem Topf aufkochen. Zugedeckt gut 10 Min. garen, anschließend pürieren und wieder erhitzen. Mit Salz, Pfeffer, Muskatnuss und Cayennepfeffer pikant abschmecken.

2 Schnittlauch waschen, trocken schütteln und in feine Röllchen schneiden. Sahne steif schlagen.

3 Den größten Teil vom Schnittlauch zur Suppe geben. Hälfte der Sahne mit einem Schneebesen unterheben. Restliche Sahne nach Belieben mit Curry verrühren, auf die Suppe geben, übrigen Schnittlauch und etwas Currypulver aufstreuen.

ÜBERBACKENE STEIN-PILZ-BROTSUPPE

Wärmt von innen

10 g getrocknete
   Steinpilze
1 Stange Lauch
1 EL Butter
300 ml Gemüsebrühe
2 EL Crème fraîche
90 g helles Bauernbrot
Salz

Pfeffer
1 TL Honig
1 Eigelb
75 g Naturjoghurt
2 EL Schnittlauch-
   röllchen
Zubereitung: 30 Min.
pro Portion ca. 300 kcal

1　Backofen auf 225° vorheizen. Die Steinpilze in 100 ml warmem Wasser einweichen. Den Lauch putzen, waschen und in Ringe schneiden, in Butter andünsten. Die Brühe angießen und die eingeweichten Pilze mit Sud und Crème fraîche zugeben, 5 Min. kochen lassen. Das Bauernbrot klein würfeln und dazugeben. Die Suppe mit Salz, Pfeffer und Honig abschmecken.

2　Die Suppe auf feuerfeste Teller verteilen. Das Eigelb mit Joghurt verquirlen, jeden Teller mit einem Häubchen versehen und im Ofen ca. 10 Min. gratinieren. Zum Servieren Schnittlauch aufstreuen.

NUDELN

SPAGHETTI MIT LINSEN-BOLOGNESE

Nudelglück rundum

1 Zwiebel
1 kleine Möhre
1 Stange Sellerie
2 EL Olivenöl
1 Dose stückige
  Tomaten (ca. 400 g)
150 ml Gemüsebrühe
Salz

Pfeffer
1 TL getrockneter
  Thymian
200 g Spaghetti
75 g rote Linsen
30 g würziger Hartkäse
Zubereitung: 30 Min.
pro Portion ca. 670 kcal

1 Zwiebel und Möhre schälen, Sellerie waschen und putzen. Alles ganz fein würfeln. Das Öl in einem Topf erhitzen und das Gemüse darin andünsten. Tomaten und die Brühe dazugeben, mit Salz, Pfeffer und Thymian würzen und zugedeckt 5 Min. kochen lassen.

2 Reichlich Salzwasser zum Kochen bringen. Spaghetti darin bissfest garen. Gleichzeitig die Linsen zum Tomatengemüse geben und ca. 10 Min. mitgaren. Die Bolognese abschmecken und über die abgetropften Spaghetti geben. Den Hartkäse in feinen Spänen darüberhobeln. Nach Belieben mit einem Zweig frischem Thymian garnieren.

GEBRATENE INGWER-GEMÜSE-NUDELN

Asiatisches Nudelglück

125 g Reis-Nudeln oder
  Mie-Nudeln
Salz
125 g Zuckerschoten
2 Möhren
25 g Cashewkerne
2 Zwiebeln
1 Stück Ingwer
  (ca. 1 cm)

1 EL Öl
100 g Mungobohnen-
  sprossen
1 TL Sambal oelek
2–3 EL helle Sojasauce
Pfeffer
Zubereitung: 20 Min.
pro Portion ca. 430 kcal

1   Die Nudeln nach Packungsanleitung in reichlich kochendem Salzwasser vorgaren. Die Zuckerschoten waschen, putzen und schräg dritteln. Die Möhren schälen und in Scheiben schneiden.

2   Die Cashewkerne grob hacken, Zwiebeln schälen und würfeln, Ingwer schälen und fein hacken. Alles in Öl im Wok unter Rühren 1 Min. anbraten. Zuckerschoten und Möhren 2 Min. mitbraten.

3   Die Sprossen kalt abbrausen, mit den abgetropften Nudeln in den Wok geben. Mit Sambal oelek, Sojasauce und Pfeffer würzen, alles noch 1–2 Min. unter Rühren braten.

SPÄTZLE MIT RUCOLA UND CHICORÉE

Käsespätzle mit Italo-Touch

1 roter Chicorée
(ersatzweise weißer)
1 Handvoll Rucola
100 g kleine Kirsch-
tomaten
1 EL Butter

300 g Spätzle
(Kühlregal)
125 g Büffel-Mozzarella
Salz, Pfeffer
Zubereitung: 20 Min.
pro Portion ca. 455 kcal

1 Chicorée waschen und putzen, quer in Streifen schneiden. Rucola waschen, verlesen und gut
trocken schütteln, grobe Stiele entfernen, Blätter
etwas kleiner schneiden. Kirschtomaten waschen
und halbieren.

2 Die Butter in einer breiten beschichteten
Pfanne aufschäumen. Die Spätzle darin 1–2 Min.
leicht anbraten. Chicorée und Rucola einrühren,
alles 1 Min. zusammen unter Rühren braten.

3 Mozzarella abtropfen lassen und würfeln, mit
den Tomaten unter die Spätzle mischen. Mit Salz
und Pfeffer würzen und noch kurz erhitzen, bis
der Käse zu schmelzen beginnt.

TELLER-LASAGNE MIT MANGOLDGEMÜSE

Lieblingsnudeln auf neue Art

350 g Mangold
1 Zwiebel
1 EL Öl
1 EL Mehl
⅛ l Gemüsebrühe
60 g Schmand

Salz, Pfeffer
8 Lasagneblätter
2 EL Semmelbrösel
1 EL Butter
Zubereitung: 25 Min.
pro Portion ca. 485 kcal

1 Mangold waschen, Stiele herausschneiden, Blätter in Streifen, Stiele in Stücke schneiden. Die Zwiebel schälen, hacken und in Öl anbraten. Helle Mangoldstiele 2 Min. mitbraten. Das Mehl einrühren und anschwitzen, Brühe angießen. 5 Min. köcheln lassen. Grüne Mangoldblätter und Schmand einrühren, salzen und pfeffern und weitere 5 Min. köcheln lassen.

2 Die Lasagneblätter in reichlich kochendem Salzwasser in 8–10 Min. gar kochen, zwischendurch umrühren, damit sie nicht zusammenkleben. Die Brösel in Butter rösten. Je 2 Nudelblätter auf einen Teller geben, Mangold und dann wieder je 2 Nudelblätter aufeinander schichten. Butterbrösel aufstreuen und servieren.

NUDEL-OMELETT MIT MAIS UND ERBSEN

Sattmacher aus dem Vorrat

100 g Mini-Farfalle
Salz
75 g Erbsen (TK)
1 Dose Mais (ca. 140 g)
4 Eier
50 ml Milch
4 EL Mehl

Pfeffer
2 EL Butter
½ Bund Petersilie
edelsüßes Paprika-
    pulver
Zubereitung: 25 Min.
pro Portion ca. 615 kcal

1   Nudeln in reichlich Salzwasser bissfest garen, dabei für die letzten 3–4 Min. Erbsen und Mais dazugeben. In ein Sieb abgießen, kalt abbrausen und gut abtropfen lassen.

2   Eier, Milch, Mehl, Salz und Pfeffer glatt rühren. Nudelmischung zugeben. Butter in zwei beschichteten Pfannen aufschäumen, Nudelmischung darin bei schwacher bis mittlerer Hitze zugedeckt ca. 10 Min. zu zwei Omeletts stocken lassen. Die Petersilie waschen, trocken schütteln, fein hacken und mit etwas Paprikapulver auf die Omeletts streuen.

GELBE PASTA-GEMÜSEPFANNE

Steckt voller Vitamine

200 g Penne
Salz
1 gelber Zucchino
1 gelbe Paprikaschote
125 g gelbe Kirsch-
    tomaten
1 Zwiebel

4 EL Sonnenblumen-
    kerne
2 EL Sonnenblumenöl
2 EL Olivenöl
2 EL frisch geriebener
    würziger Hartkäse
Zubereitung: 25 Min.
pro Portion ca. 720 kcal

1   Penne in reichlich kochendem Salzwasser bissfest garen, gut abtropfen lassen.

2   Gemüse waschen und putzen. Zucchino in Scheiben und dann in breite Streifen, Paprika auch in Streifen schneiden, Kirschtomaten halbieren.

3   Die Zwiebel schälen, klein würfeln und mit den Sonnenblumenkernen im Sonnenblumenöl anbraten. Zucchino und Paprika 2 Min. mitbraten. Die Nudeln zugeben, dann auch die Tomaten. Noch 1–2 Min. braten. Zum Servieren Olivenöl und Hartkäse daraufgeben.

LAUCH-TAGLIATELLE MIT GORGONZOLASAUCE

Für Überraschungsgäste

1 dicke Stange Lauch
200 g Tagliatelle
Salz, 1 Zwiebel
1 EL Olivenöl
1 TL Mehl
⅛ l Weißwein oder
  Gemüsebrühe

75 g fettarmer
  Frischkäse
75 g Gorgonzola
Pfeffer, Paprikapulver
2 EL Pinienkerne
Zubereitung: 15 Min.
pro Portion ca. 705 kcal

1   Lauch waschen, putzen und längs in schmale Streifen schneiden. Nudeln in reichlich kochendem Salzwasser bissfest garen, für die letzten 3 Min. den Lauch dazugeben.

2   Zwiebel schälen, klein würfeln und in Olivenöl glasig anbraten. Mehl darüberstäuben, mit Wein oder Brühe ablöschen. Frischkäse und Gorgonzola zugeben, bei schwacher Hitze 5 Min. köcheln lassen. Mit Salz, Pfeffer und Paprikapulver pikant abschmecken.

3   Nudeln und Lauch abtropfen lassen, mit der Gorgonzolasauce mischen. Pinienkerne rösten und aufstreuen.

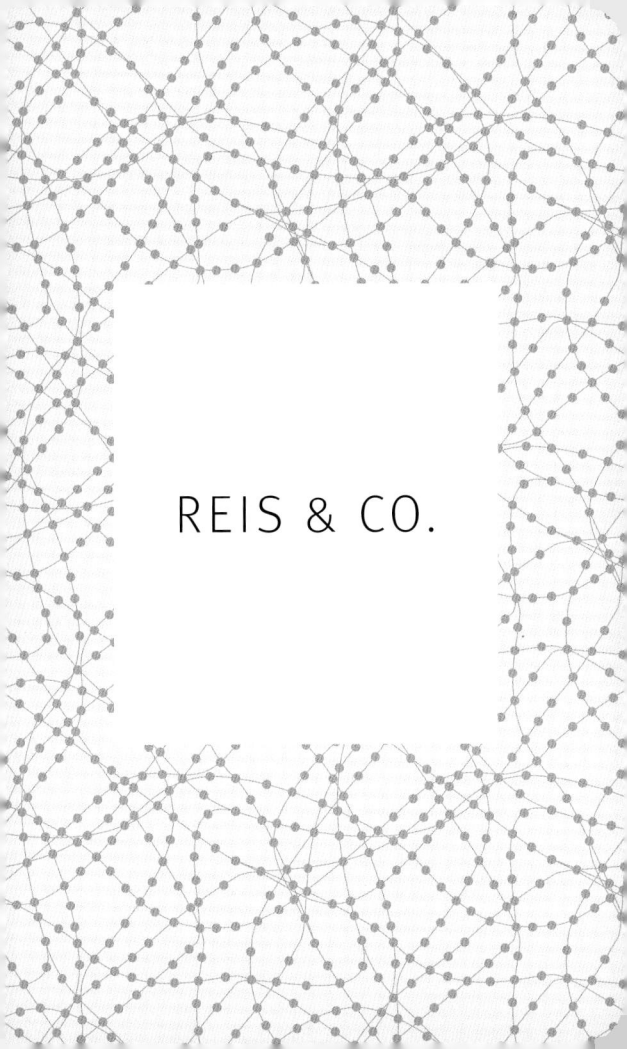

REIS & CO.

SAFRANREIS MIT BUNTEN PAPRIKA

Spanisches Highlight

300 ml Gemüsebrühe
150 g Risottoreis
1 Döschen gemahlener
    Safran
Salz, Pfeffer
je 1 grüne, gelbe und
    rote Paprikaschote

1 Knoblauchzehe
6 Stängel Petersilie
3 EL Olivenöl
30 g Manchego (oder
    würziger Hartkäse)
Zubereitung: 30 Min.
pro Portion ca. 500 kcal

1 Backofen auf 225° (Umluft 200°) vorheizen.
Brühe, Reis und Safran aufkochen, bei schwacher
Hitze 15 Min. köcheln lassen. Zuletzt mit Salz und
Pfeffer abschmecken.

2 Paprika waschen und putzen, längs in Streifen
schneiden. Auf einem Backblech ausbreiten und
im Ofen (Mitte) 10–15 Min. garen.

3 Knoblauch schälen und zerdrücken, Petersilie
waschen, trocken schütteln und hacken. Beides
mit Olivenöl, Salz und Pfeffer verrühren. Paprika
damit einpinseln. Mit Safranreis anrichten, Käse
darüberhobeln.

WEIZENPFANNE MIT MAIS UND ZWIEBELN

Scharf gewürzt

125 g Zartweizen
 (z. B. Ebly)
Salz
3 rote Zwiebeln
1–2 grüne Peperoni
1 EL Butter
1 Knoblauchzehe

1 Dose Mais (ca. 285 g)
Pfeffer
2 EL Kräuterquark
2 EL frische Kresse
Zubereitung: 20 Min.
pro Portion ca. 450 kcal

1 Die Weizenkörner nach Packungsanleitung ca. 10 Min. in Salzwasser garen. Zwiebeln schälen und in Spalten schneiden. Peperoni putzen, entkernen und klein hacken.

2 Butter in einer Pfanne aufschäumen, Zwiebeln und Peperoni 1 Min. anbraten. Knoblauch dazupressen. Mais und Weizen abtropfen lassen, in die Pfanne geben. Bei mittlerer Hitze 5 Min. braten.

3 Weizenpfanne mit Salz und Pfeffer abschmecken. Zum Servieren 1 Löffel Quark und Kresse auf jede Portion geben.

INDISCHE REIS-PFANNE MIT ANANAS

Mit süß-scharfer Würze

125 g Basmatireis
Salz
1 Stück Ingwer
   (ca. 1 cm)
1 Knoblauchzehe
1 EL Öl
2–3 TL scharfes Curry-
   pulver

400 g gemischtes Asia-
   Gemüse (TK)
2 Scheiben Ananas
Pfeffer
2 EL Mangochutney
   (Glas)
Zubereitung: 25 Min.
pro Portion ca. 735 kcal

1 Den Reis in Salzwasser nach Packungsanleitung garen.

2 Ingwer und Knoblauch schälen, hacken und in einer Pfanne im Öl leicht anbraten. Curry einstreuen und anschwitzen. Gemüse einrühren und bei schwacher Hitze 10 Min. garen.

3 Die Ananas, wenn nötig, schälen und würfeln. Reis evtl. abtropfen lassen und mit den Ananaswürfeln unter das Gemüse mischen. Mit Salz und Pfeffer abschmecken, das Chutney dazureichen.

POLENTA-SPINAT-GRATIN MIT FETA

Schneller Ofenhit

½ l Gemüsebrühe
1 TL getrockneter
   Oregano
120 g Instant-Polenta
1 Zwiebel
1 EL Olivenöl

300 g TK-Blattspinat
Salz, Pfeffer
4 Tomaten
125 g Feta
Zubereitung: 30 Min.
pro Portion ca. 440 kcal

1   Den Backofen auf 225° (Umluft 200°) vorheizen. Die Brühe aufkochen, Oregano und Polenta einrühren. Bei schwacher Hitze unter Rühren 10 Min. garen. Die Zwiebel schälen, klein würfeln und in Olivenöl andünsten. Den Spinat zugeben, bei schwacher Hitze auftauen und einmal aufkochen lassen. Mit Salz und Pfeffer würzen.

2   Die Polenta abschmecken und in eine Auflaufform füllen. Den Spinat darüber einschichten. Die Tomaten waschen, von den Stielansätzen befreien und in Scheiben schneiden, Feta auch in Scheiben schneiden. Beides überlappend auf den Spinat geben. Den Auflauf 10 Min. im Ofen (Mitte) überbacken.

ROTE GERSTENPFANNE MIT GRILLKÄSE

Herzhaft und sättigend

400 ml Gemüsebrühe
1 Lorbeerblatt
120 g Gerstengraupen
300 g gekochte, geschälte Rote Bete (vakuumverpackt)
225 g Grillkäse (Halloumi)
6 Stängel Petersilie
Salz
Pfeffer
2 EL Crema balsamico (ersatzweise Aceto balsamico)

Zubereitung: 25 Min.
pro Portion ca. 630 kcal

1 Die Gemüsebrühe mit dem Lorbeer aufkochen. Die Graupen zugeben, zugedeckt bei schwacher Hitze 15 Min. köcheln. Rote Beten klein würfeln und zu den Graupen geben. Alles weitere 5 Min. garen.

2 Den Käse in vier dicke Scheiben schneiden und auf einem stark aufgeheizten Grill oder in einer heißen Pfanne von beiden Seiten goldgelb grillen bzw. braten.

3 Die Petersilie waschen, trocken schütteln und grob hacken. Lorbeerblatt entfernen. Die Graupen mit Salz und Pfeffer abschmecken und mit dem Käse anrichten. Petersilie aufstreuen und Crema balsamico über den Käse träufeln.

REISPUFFER MIT TRAUBEN-ROHKOST

Überraschend kombiniert

100 g Kurzzeit-Reis
½ Bio-Zitrone
2 TL Honig
1 EL Apfelessig
100 g Joghurt
Salz
Pfeffer
Tabasco
250 g Möhren

100 g kernlose Weintrauben
2 Frühlingszwiebeln
3 Eier
¼ TL gemahlener Kreuzkümmel
2 EL Öl

Zubereitung: 25 Min.
pro Portion ca. 515 kcal

1   Den Reis nach Packungsanleitung garen. Zitrone heiß abwaschen und abtrocknen. 1 TL Schale abreiben, 1 EL Saft auspressen, beides mit Honig, Essig, Joghurt, Salz, Pfeffer und Tabasco verrühren. Möhren schälen und grob raspeln, Trauben waschen und vierteln. Beides im Dressing wenden.

2   Die Frühlingszwiebeln waschen, putzen und hacken. Dann mit Eiern, Kreuzkümmel, Salz und Pfeffer mischen. Den Reis kalt abspülen, abtropfen lassen und untermischen. Öl in einer beschichteten Pfanne erhitzen und sechs goldbraune Puffer darin braten. Mit dem Salat anrichten.

COUSCOUS MIT GEMÜSERAGOUT

Orientalisch angehaucht

4 getrocknete Feigen
1 große rote Zwiebel
1 Zucchino
1 Stange Lauch
1 EL Öl
2 EL Tomatenmark
125 ml Gemüsebrühe
Salz

Pfeffer
2 EL Zitronensaft
1 TL gemahlener
   Kreuzkümmel
125 g Instant-Couscous
2 Zweige frische Minze
Zubereitung: 25 Min.
pro Portion ca. 350 kcal

1   Die Feigen klein schneiden. Zwiebel schälen und fein hacken. Zucchino und Lauch waschen, putzen und in schmale Streifen schneiden. Alles in Öl in einem Topf 2 Min. andünsten. Tomatenmark und Brühe dazugeben. Mit Salz, Pfeffer, Zitronensaft und Kreuzkümmel würzen, bei schwacher Hitze 15 Min. garen.

2   Couscous nach Packungsanleitung zubereiten. Alles abschmecken und zusammen anrichten. Minze waschen, trocken schütteln und grob hacken, über das Gemüsecouscous streuen.

KARTOFFELN

KRÄUTER-PÜREE MIT TOMATEN-EIERN

Update für Spiegeleier

500 g mehligkochende
  Kartoffeln, Salz
½ Bund gemischte
  Kräuter
100 ml Milch
8 getrocknete, in Öl
  eingelegte Tomaten

50 g Taleggio
  (ersatzweise mittel-
  alter Gouda)
1 EL Butter, 4 Eier
Pfeffer
Zubereitung: 30 Min.
pro Portion ca. 485 kcal

1 Die Kartoffeln schälen, kleine halbieren, große
vierteln und zugedeckt in wenig Salzwasser in
knapp 20 Min. garen. Kräuter fein hacken. Die
Milch erwärmen.

2 Tomaten und Käse klein schneiden. 2 TL Butter in einer Pfanne aufschäumen. Die Eier auf-
schlagen und in die Pfanne geben. Tomaten und
Käse darüberstreuen, pfeffern und zugedeckt mit
den Spiegeleiern braten.

3 Kartoffeln abgießen und zerstampfen, dabei
Kräuter und nach und nach so viel Milch zuge-
ben, dass ein cremiges Püree entsteht. Restliche
Butter unterrühren, zu den Spiegeleiern servieren.

MINI-KNÖDEL
MIT OLIVENRAGOUT

Bayerisch-italienisches Cross-over

500 g Kloßteig halb und halb (Kühlregal)
Salz
Pfeffer
2 Zwiebeln
75 g schwarze Oliven
1 EL Olivenöl

1 Dose stückige Tomaten (ca. 400 g)
20 Salbeiblätter
¼ l Öl zum Frittieren

Zubereitung: 25 Min.
pro Portion ca. 480 kcal

1 Kloßteig salzen und pfeffern und zu tischtennisballgroßen Knödeln formen. Knödel in reichlich kochendes Salzwasser legen, bei schwacher Hitze 10 Min. ziehen lassen.

2 Zwiebeln schälen, würfeln, Oliven halbieren. Öl erhitzen und Zwiebeln darin andünsten. Tomaten und Oliven zugeben, salzen und pfeffern, 10 Min. bei schwacher Hitze köcheln lassen.

3 Salbei waschen, gut trocken tupfen. In heißem Öl ganz kurz ausbacken. Auf Küchenpapier abtropfen lassen. Mit Klößchen und Ragout anrichten.

GNOCCHI MIT RADICCHIO

Schmeckt nach Süden

2 EL Olivenöl
400 g Gnocchi
  (Kühlregal)
1 Bund Frühlings-
  zwiebeln
1 mittelgroßer
  Radicchio (300 g)

Salz
Pfeffer
2 EL Aceto balsamico
30 g Hartkäse
10 Blättchen Basilikum
Zubereitung: 20 Min.
pro Portion ca. 510 kcal

1 Öl in einer beschichteten Pfanne erhitzen und Gnocchi darin ca. 5 Min. goldbraun braten, dabei vorsichtig wenden.

2 Frühlingszwiebeln waschen, putzen und in Ringe schneiden. Radicchio waschen, putzen und in Streifen schneiden. Beides zu den Gnocchi geben, salzen, pfeffern und noch 5 Min. braten.

3 Balsamico darüberträufeln. Käse mit einem Sparschäler hobeln und darübergeben. Basilikum grob zerpflücken und aufstreuen.

KÜRBIS-RÖSTI
MIT KRÄUTERQUARK

Frisch aus der Pfanne am besten

3–4 große Kartoffeln
  (ca. 400 g)
300 g Kürbis
  (z. B. Hokkaido)
2 Eier
Salz
Pfeffer
geriebene Muskatnuss
2 EL Öl

3 EL gemischte Kräuter
  (z. B. Petersilie,
  Sauerampfer, Schnitt-
  lauch)
250 g Speisequark
4–5 EL Milch
½ Bio–Limette
Zubereitung: 30 Min.
pro Portion ca. 470 kcal

1   Kartoffeln und Kürbis schälen und grob raspeln. Eier mit Salz, Pfeffer und Muskatnuss verrühren, Raspel unterrühren. Öl in zwei beschichteten Pfannen erhitzen und darin zwei große
Rösti von beiden Seiten goldbraun braten.

2   Kräuter waschen, trocken schütteln und fein
hacken, mit Quark und Milch verrühren. Limette
heiß abwaschen und abtrocknen, Schale abreiben
und Saft auspressen, beides unter den Quark rühren. Mit Salz und Pfeffer abschmecken und mit
den Rösti anrichten.

KARTOFFELN MIT RUCOLAPESTO

Mit neuen Kartoffeln am besten

500 g kleine längliche Kartoffeln
Salz
30 g Pinienkerne
1 kleine Knoblauchzehe
1 Handvoll Rucola
40 g würziger Hartkäse
3 EL Olivenöl
Pfeffer
2 Tomaten

Zubereitung: 30 Min.
pro Portion ca. 465 kcal

1 Kartoffeln waschen und abbürsten, in ausreichend Salzwasser ca. 18 Min. garen. Pinienkerne in einer kleinen Pfanne ohne Öl rösten, bis sie duften. Knoblauch schälen, Rucola waschen, verlesen und trocken schütteln, den Käse reiben. Alles mit dem Öl im Mixer pürieren, salzen und pfeffern.

2 Backofen auf 225° (Umluft 200°) vorheizen. Kartoffeln abgießen, über Kreuz einschneiden, etwas auseinander drücken und in eine Gratinform setzen. Tomaten halbieren, danebensetzen. Pesto in die Kartoffeln und auf die Tomaten geben, im Ofen (Mitte) 5 Min. gratinieren.

KARTOFFELPFANNE MIT NÜSSEN

Schmeckt jeden Tag

500 g festkochende Kartoffeln
60 g Nüsse (Haselnüsse, Cashewkerne, Pinienkerne)
1 EL Olivenöl
100 ml Gemüsebrühe
Salz, Pfeffer

2 EL gemischte TK-Kräuter (z. B. italienische Art)
4 getrocknete, in Öl eingelegte Tomaten
80 g alter Bergkäse
Zubereitung: 30 Min. pro Portion ca. 565 kcal

1 Die Kartoffeln schälen und ca. 2 cm groß würfeln. Die Nüsse grob hacken. Beides in einer beschichteten Pfanne im Öl anbraten. Die Brühe dazugießen. Alles mit Salz, Pfeffer und Kräutern würzen und zugedeckt bei schwacher Hitze 15–18 Min. garen. Zwischendurch die Pfanne immer wieder gut rütteln.

2 Kartoffeln ohne Deckel bei starker Hitze noch 2–3 Min. garen, bis die Feuchtigkeit verdampft ist. Tomaten klein schneiden, Käse würfeln. Beides unter die Kartoffeln mengen. Alles noch ca. ½ Min. erhitzen, bis der Käse zu schmelzen beginnt.

HÜLSEN-
FRÜCHTE

SAHNELINSEN MIT FRÜHLINGSZWIEBELN

Preiswerte Kombination

350 g Kartoffeln	Salz
125 g rote Linsen	Pfeffer
400 ml Gemüsebrühe	2 EL Pinienkerne
2 Bund Frühlings-	2 feste Tomaten
zwiebeln	2 EL Schmand
1 EL Butter	*Zubereitung: 30 Min.*
1 TL Zucker	*pro Portion ca. 485 kcal*

1 Kartoffeln schälen, 1 cm groß würfeln und mit Linsen und Brühe aufkochen. Bei schwacher Hitze 8–10 Min. garen.

2 Frühlingszwiebeln putzen, waschen und auf etwa 20 cm Länge zuschneiden. Restliches Grün klein schneiden. Ganze Zwiebeln in heißer Butter in einer breiten Pfanne anbraten. Mit Zucker, Salz und Pfeffer würzen, bei mittlerer Hitze gut 5 Min. braten. Pinienkerne und halbierte Tomaten zuletzt kurz mitbraten.

3 Klein geschnittene Frühlingszwiebeln und den Schmand zu den Linsen geben, noch 1 Min. kochen. Abschmecken, mit Frühlingszwiebeln, Tomaten und Pinienkernen servieren.

KICHERERBSEN-RADIESCHEN-PFANNE

Frühlingsfrisch

4 frische Eier	100 ml Gemüsebrühe
1 Zwiebel	Salz
1 Bund Radieschen	Pfeffer
1 EL Öl	75 g leichter Frischkäse
1 Dose Kichererbsen	***Zubereitung: 25 Min.***
(ca. 265 g)	***pro Portion ca. 340 kcal***

1   Die Eier anstechen und in kochendem Wasser in ca. 10 Min. hart kochen. Die Zwiebel schälen und klein würfeln. Radieschen waschen und putzen. Eine Handvoll Blätter waschen und fein hacken, Radieschen vierteln.

2   Zwiebeln im Öl glasig werden lassen. Radieschen kurz mit andünsten. Kichererbsen abtropfen lassen, einrühren. Brühe dazugießen, salzen und pfeffern und ca. 5 Min. garen.

3   Frischkäse und Radieschengrün einrühren, alles noch einmal aufkochen lassen. Eier pellen, würfeln und mit den anderen Zutaten anrichten.

BOHNENGEMÜSE MIT AVOCADO

Mexikanisch inspiriert

500 g festkochende Kartoffeln
100 ml Gemüsebrühe
1 Dose schwarze Bohnen (ca. 250 g)
Salz
Pfeffer

1 TL gemahlener Kreuzkümmel
1 kleine Avocado
1 EL Zitronensaft
1 kleine rote Peperoni
2 EL Schmand
Zubereitung: 25 Min.
pro Portion ca. 540 kcal

1   Kartoffeln schälen, würfeln und in der Brühe zugedeckt 10 Min. dünsten. Die Bohnen in ein Sieb abgießen, kalt abbrausen und zu den Kartoffeln geben. Mit Salz, Pfeffer und Kreuzkümmel würzen und noch 5 Min. bei schwacher Hitze garen.

2   Die Avocado schälen, halbieren und entsteinen, Hälften längs in Scheiben schneiden und mit Zitronensaft beträufeln.

3   Peperoni putzen und in ganz feine Streifen schneiden. Gemüse abschmecken, auf Teller geben, Avocadoscheiben und je 1 EL Schmand dazugeben, mit Peperonistreifen anrichten.

LINSENPLÄTZCHEN MIT PIKANTEM JOGHURT

Auch gut für die Lunchbox

125 g rote Linsen
¼ l Gemüsebrühe
1 Kartoffel
½ Bund Schnittlauch
1 Ei
Salz, Pfeffer

3 EL Semmelbrösel
3 EL Öl
200 g Naturjoghurt
100 g Mango-Chutney
Zubereitung: 30 Min.
pro Portion ca. 595 kcal

1   Linsen und Brühe aufkochen, zugedeckt bei schwacher Hitze 10 Min. garen. Kräftig umrühren, damit die Linsen fast zu Brei werden. Kartoffel schälen und fein raspeln, Schnittlauch in Röllchen schneiden. Alles mit dem Ei, Salz, Pfeffer und Semmelbröseln vermengen.

2   Öl in zwei beschichteten Pfannen erhitzen. Linsenmasse esslöffelweise hineingeben, beidseitig zu goldbraunen Plätzchen braten.

3   Joghurt mit Mango-Chutney verrühren, mit Salz und Pfeffer pikant abschmecken und zu den Plätzchen servieren.

KICHERERBSEN MIT KNOBLAUCHEIERN

Besonders preiswert

300 g Wirsing	Salz
2 EL Olivenöl	Pfeffer
1 Dose Kichererbsen	2 EL Tomatenmark
(ca. 265 g)	4 Eier
⅛ l Gemüsebrühe	4 Knoblauchzehen
1–2 TL getrockneter	***Zubereitung: 25 Min.***
Thymian	***pro Portion ca. 710 kcal***

1 Wirsing waschen, putzen und in feine Streifen schneiden. In einem Topf in 1 EL Öl leicht andünsten. Kichererbsen abtropfen lassen, mit Brühe und Thymian zum Wirsing geben. Alles gut vermischen, mit Salz, Pfeffer und Tomatenmark würzen, zugedeckt 10 Min. köcheln lassen.

2 Eier anstechen, in kochendem Wasser ca. 8 Min. garen. Knoblauch schälen und in dünne Scheiben schneiden, im restlichen Öl goldbraun braten. Gemüse abschmecken, die Eier schälen und halbieren, zusammen anrichten. Knoblauch über die Eier geben.

LINSEN MIT ZIMT UND ROSINEN

Griechischer Favorit

100 g Schalotten
2 EL Olivenöl
2 EL Tomatenmark
350 ml Gemüsebrühe
1 Zimtstange
1 TL getrockneter Oregano
100 g rote Linsen
50 g Rosinen

Salz, Pfeffer
edelsüßes Paprikapulver
100 g Kritharaki-Nudeln (griech. »Reis«-Nudeln)
½ Bio-Zitrone
75 g Feta
Zubereitung: 20 Min.
pro Portion ca. 570 kcal

1 Schalotten schälen und grob zerteilen. Öl in einem Topf erhitzen, Schalotten darin andünsten. Tomatenmark einrühren und leicht anrösten, mit Brühe ablöschen. Zimt, Oregano, Linsen und die Rosinen dazugeben. Mit Salz, Pfeffer und Paprikapulver würzen. Zugedeckt 10 Min. köcheln lassen.

2 Nudeln 10 Min. in reichlich kochendem Salzwasser bissfest garen, abtropfen lassen. Linsengemüse pikant abschmecken, Zimtstange entfernen. Nudeln untermischen. Zitrone heiß waschen, Schale abreiben und mit zerbröckeltem Feta mischen, über die Linsen geben.

BOHNEN MIT ÄPFELN UND PASTINAKEN

Süß-herzhafte Kombination

250 g Pastinaken
1 Zwiebel
1 EL Öl
1 Dose weiße Riesen-
   Bohnen (ca. 250 g)
100 ml Gemüsebrühe
Salz
Pfeffer

1 TL gemahlener
   Koriander
1 EL Tomatenmark
2 Äpfel
1 EL Butterschmalz
6–8 Zweige Majoran
Zubereitung: 20 Min.
pro Portion ca. 315 kcal

1 Die Pastinaken schälen und 2 cm groß würfeln. Zwiebel schälen, fein hacken und in Öl glasig werden lassen. Pastinakenwürfel mit andünsten. Bohnen abtropfen lassen, dazugeben. Brühe angießen, mit Salz, Pfeffer, Koriander und Tomatenmark würzen, bei schwacher Hitze 10 Min. garen.

2 Äpfel waschen und trocken reiben. Kerngehäuse ausstechen, Äpfel in Scheiben schneiden. Butterschmalz in einer Pfanne erhitzen, Apfelringe darin von beiden Seiten goldbraun braten. Majoran abbrausen, trocken tupfen, Blättchen zu den Äpfeln geben. Salzen und pfeffern, mit dem Gemüse anrichten.

GEMÜSE

GEBRATENER SPARGEL MIT NUSS-SALSA

Raffiniert kombiniert

750 g grüner Spargel
1 TL Butter
1 TL Zucker
Salz, Pfeffer
je 1 ½ EL gehackte Mandeln, Walnuss- und Pinienkerne (ca. 15 g)

3 EL Olivenöl
2 EL Walnussöl
Saft von ½ Zitrone
1 Prise getrocknete Chilibrösel
Zubereitung: ca. 30 Min. pro Portion ca. 355 kcal

1 Spargel putzen, unteres Drittel schälen, Stangen in je 3 Stücke schneiden. Butter in einer breiten beschichteten Pfanne erhitzen und die Spargelstücke darin anbraten. Zucker, Salz und Pfeffer darüberstreuen, unter häufigem Rühren ca. 15 Min. bei mittlerer Hitze braten.

2 Mandeln, Walnusskerne und Pinienkerne in einer Pfanne ohne Fett leicht rösten, bis sie duften. Die Kerne fein hacken und mit Olivenöl, Walnussöl und Zitronensaft verrühren. Salsa mit Salz, Pfeffer und Chilibröseln würzen. Zum Spargel servieren.

BOHNEN-TRILOGIE ROT-WEISS-GRÜN

Frisch mit Kresse-Kick

300 g TK-Prinzess-
bohnen
Salz
1 große rote Zwiebel
1 EL Öl
1 Dose Kidneybohnen
(ca. 250 g)
2 TL TK-Kräuter der
Provence

1 TL rosenscharfes
Paprikapulver
Pfeffer
1 Dose weiße Bohnen-
kerne (ca. 250 g)
50 g Frischkäse
2 EL frische Kresse
Zubereitung: ca. 25 Min.
pro Portion ca. 365 kcal

1 Grüne Bohnen zugedeckt in wenig Salzwasser knapp 10 Min. dünsten. Zwiebel schälen, würfeln und im Öl andünsten. Kidneybohnen in ein Sieb abgießen, abbrausen und zu den Zwiebeln geben. Mit Kräutern der Provence, Paprikapulver, Salz und Pfeffer würzen und 5 Min. dünsten.

2 Weiße Bohnenkerne ebenfalls in ein Sieb abgießen und abbrausen, mit Frischkäse und 4–5 EL Wasser pürieren. Im kleinen Topf langsam erwärmen, salzen und pfeffern. Grüne Bohnen abtropfen lassen, mit Kidneybohnen und Bohnencreme anrichten, Kresse darübergeben.

KÜRBISSPALTEN MIT NUSSKRUSTE

Kerniges für Gäste

½ Hokkaido-Kürbis
  (ca. 600 g)
2 EL Öl
Salz
Pfeffer
2 EL Ahornsirup

je 20 g Sonnenblumen-
  und Kürbiskerne
1 Bund Basilikum
30 g geriebener Käse
100 ml Gemüsebrühe
Zubereitung: 25 Min.
pro Portion ca. 350 kcal

1 Kürbis waschen, in 1 cm dicke Scheiben schneiden, halbieren, Kerne und Fasern entfernen. Evtl. unansehnliche Schale abschälen. Öl in zwei beschichteten Pfanne erhitzen, Kürbisspalten von beiden Seiten anbraten. Salzen und pfeffern, 10 Min. leicht braten. Mit Sirup beträufeln.

2 Kerne grob hacken und leicht rösten. Basilikum abbrausen, trocken tupfen und hacken. Beides mit Käse mischen. Kürbisspalten dicht nebeneinander schieben, Nussmischung daraufgeben. Brühe daneben angießen, zugedeckt 2–3 Min. erhitzen. Wer möchte, kann dazu Gnocchi servieren.

CHAMPIGNONSPIESSE MIT APFELSALSA

Grillklassiker mit fruchtiger Note

1 Bio-Limette	250 g gleich große
1 Chilischote	Champignons
1 kleine rote Zwiebel	1 Paprikaschote
2 kleine Äpfel	2 EL Öl
6 Zweige Petersilie	2 Pitta-Fladen
Salz	***Zubereitung: 25 Min.***
Pfeffer	***pro Portion ca. 390 kcal***

1   Limette heiß abwaschen, Schale abreiben und Saft auspressen. Chili waschen, Zwiebel schälen, Äpfel abreiben und entkernen, Petersilie waschen und trocken schütteln. Alles fein hacken, mit Limettensaft und -schale mischen und mit Salz und Pfeffer würzen.

2   Champignons waschen oder abreiben. Paprika waschen, putzen, in breite Streifen schneiden, halbieren. Beides abwechselnd auf Spieße reihen. Öl mit Salz und Pfeffer mischen, Spieße damit einpinseln. Rundherum ca. 10 Min. braten oder grillen. Pitta-Fladen evtl. kurz mitbraten bzw. grillen. Spieße mit der Salsa und den Fladen anrichten.

ENCHILADAS
MIT SPINAT

Mexikanische Spezialität

2 Zwiebeln
1 Knoblauchzehe
1 EL Öl
300 g TK-Blattspinat
1 Dose Mais (ca. 140 g)
1 Dose Kidneybohnen
  (ca. 250 g)
Salz

Pfeffer
Tabasco
4 Tortilla-Fladen
  (Fertigprodukt)
60 g geriebener Käse
6 Blätter Eisbergsalat
Zubereitung: 30 Min.
pro Portion ca. 690 kcal

1 Backofen auf 225° (Umluft 200°) vorheizen.
Zwiebeln und Knoblauch schälen, fein hacken
und in Öl glasig andünsten. Spinat zugeben und
auftauen lassen. Mais und Bohnen abtropfen
lassen, zum Spinat geben und miterhitzen. Mit
Salz, Pfeffer und Tabasco abschmecken.

2 Tortilla-Fladen ausbreiten, mittig die Spinat-
mischung daraufgeben. Aufrollen und in eine
Gratinform legen. Käse aufstreuen, im Ofen (Mitte)
ca. 10 Min. überbacken. Eisbergsalat waschen,
abtrocknen, in Streifen schneiden, Enchiladas
darauf anrichten.

PILZGULASCH
MIT GNOCCHI

Samtig-würziger Italogenuss

10 g getrocknete
  Steinpilze
125 g Champignons
165 g Pfifferlinge
  (frisch oder Dose)
1 große Zwiebel
1 EL Olivenöl
2 TL Mehl
2 EL Mascarpone

Salz
Pfeffer
400 g Gnocchi
  (Kühlregal)
frisches Basilikum
Schale von 1 Bio-
  Zitrone
Zubereitung: 25 Min.
pro Portion ca. 510 kcal

1 Steinpilze in ⅛ l warmem Wasser 10 Min. einweichen. Champignons putzen und vierteln. Pfifferlinge putzen oder abtropfen lassen.

2 Zwiebel schälen, klein würfeln, in Öl glasig dünsten. Erst die Champignons, dann die Pfifferlinge dazugeben und kurz mitbraten. Mehl einstreuen und anschwitzen, Steinpilze mit Einweichwasser und Mascarpone einrühren. Salzen und pfeffern, 5 Min. köcheln.

3 Gnocchi nach Packungsanleitung zubereiten, mit dem Pilzgulasch anrichten. Mit Basilikum und etwas Zitronenschale servieren.

ARTISCHOCKEN-ZUCCHINI-TORTILLA

Spanisch-griechische Liaison

1 Dose Artischocken-herzen (ca. 240 g)	Pfeffer
1 Zucchino	1–2 TL getrockneter Thymian
1 rote Zwiebel	100 g Feta
1 EL Olivenöl	rosenscharfes Paprika-pulver
5 Eier	***Zubereitung: 25 Min.***
100 ml Milch	***pro Portion ca. 210 kcal***
Salz	

1   Artischocken abtropfen lassen und halbieren. Zucchino waschen, putzen und 1 cm groß würfeln. Zwiebel schälen und klein würfeln, in Öl in einer beschichteten Pfanne anbraten. Zucchini und Artischocken dazugeben und 2–3 Min. mitbraten.

2   Eier mit Milch, Salz, Pfeffer und Thymian verquirlen. In die Pfanne gießen, zugedeckt bei schwacher Hitze ca. 10 Min. stocken lassen. Feta zerböckeln und aufstreuen, zugedeckt noch kurz erwärmen und ein wenig schmelzen lassen. Mit Paprikapulver bestreut servieren.

TOFU

GEBRATENER TOFU À LA PIZZAIOLA

Sommerlicher Genuss

125 g Champignons
1 Zwiebel
1 Knoblauchzehe
2 EL Olivenöl
1 TL getrockneter
   Oregano
⅛ l trockener Rotwein
   oder Gemüsebrühe

1 Dose stückige
   Tomaten (ca. 400 g)
Salz
Pfeffer
200 g Tofu
Zubereitung: 25 Min.
pro Portion ca. 235 kcal

1 Champignons feucht abreiben, putzen und in Scheiben schneiden. Zwiebel schälen und klein würfeln, Knoblauch schälen und zerdrücken, beides in 1 EL Öl glasig anbraten.

2 Champignons und Oregano mitbraten. Rotwein angießen und bei starker Hitze fast völlig einkochen lassen. Tomaten einrühren, salzen und pfeffern, 5 Min. bei mittlerer Hitze köcheln lassen.

3 Den Tofu in dicke Scheiben schneiden, im restlichen Öl wenden und in einer beschichteten Pfanne von beiden Seiten 5 Min. braten. Die Tofuscheiben salzen und pfeffern und mit dem Tomatengemüse anrichten.

TOFUPÄCKCHEN IM ZUCCHINIMANTEL

Feines für Gäste

1 großer Zucchino
250 g geräucherter Tofu
4–6 eingelegte grüne
   Peperoni
2 EL Olivenöl
Salz, Pfeffer
1 TL edelsüßes Paprika-
   pulver

1 Zwiebel
1 Dose stückige
   Tomaten (ca. 400 g)
50 g schwarze entstein-
   te Oliven
Zubereitung: 30 Min.
pro Portion ca. 185 kcal

1   Zucchino waschen, längs in sehr dünne Scheiben schneiden. Rest würfeln. Scheiben 1 Min.
blanchieren und abtropfen lassen.

2   Tofu in 4–6 dicke Streifen schneiden, jeden
Streifen mit 1 Peperoni in Zucchinischeiben wi-
ckeln. In eine Gratinform setzen. 1 EL Öl mit Salz,
Pfeffer und Paprikapulver würzen, Tofupäckchen
damit einpinseln. Im vorgeheizten Ofen 10 Min.
bei 200° (unten, Umluft 180°) gratinieren.

3   Zwiebel schälen und hacken und mit Zucchi-
niwürfeln in 1 EL Öl andünsten. Tomaten und
Oliven zugeben, würzen und 5 Min. köcheln. Mit
den Tofupäckchen servieren.

GEBRATENER TOFU MIT KÜRBISKERNEN

Knackige Verführung

3 Stangen Sellerie
2 Möhren
100 ml Gemüsebrühe
250 g Tofu
40 g Kürbiskerne
1 EL Sonnenblumenöl
Salz, Pfeffer

3 EL Kürbiskernöl
4 Scheiben Vollkorntoast
2 frische Knoblauchzehen
Zubereitung: 25 Min.
pro Portion ca. 265 kcal

1   Sellerie und Möhren waschen und putzen, in feine Würfel schneiden. In Gemüsebrühe 5 Min. garen. Tofu in 1 cm dicke Scheiben schneiden, Kürbiskerne evtl. etwas kleiner hacken.

2   Sonnenblumenöl in einer breiten beschichteten Pfanne erhitzen, Tofu von beiden Seiten goldbraun anbraten. Mit Salz und Pfeffer würzen. Kürbiskerne und Kürbiskernöl zugeben, noch 2–3 Min. kräftig braten. Gemüse abtropfen lassen und zum Tofu in die Pfanne geben.

3   Toast rösten und mit geschältem Knoblauch einreiben. Zum Tofu reichen.

TOFU-CURRY MIT BAMBUS

Vitaminreicher Fitmacher

1 Stück Ingwer
(ca. 1 cm)
1 Bund Frühlings-
zwiebeln
2 Möhren
1 rote Paprikaschote
30 g Cashewkerne
1 EL Öl
1–2 EL Currypulver

300 g Tofu
1 Dose Bambusschöss-
linge in Streifen
(ca. 175 g)
100 ml Gemüsebrühe
Salz
Pfeffer
Zubereitung: 25 Min.
pro Portion ca. 165 kcal

1 Ingwer schälen und fein hacken. Frühlingszwiebeln, Möhren und die Paprikaschote waschen,
putzen und klein schneiden. Die Cashewkerne
grob hacken. Das Öl in einer breiten Pfanne oder
im Wok erhitzen und alles darin unter Rühren
3–4 Min. anbraten.

2 Das Currypulver über das Gemüse streuen.
Den Tofu würfeln, die Bambusschösslinge in ein
Sieb abgießen und abtropfen lassen, beides zum
Gemüse geben und noch 2–3 Min. unter Rühren
braten. Die Brühe angießen, mit Salz und Pfeffer
würzen und noch kurz erhitzen.

ZITRONEN-KRÄUTER-TOFU MIT TOMATEN

Aromatischer Ofenhit

1 Dose stückige
   Tomaten (ca. 400 g)
Salz
Pfeffer
300 g Tofu
2 Scheiben Toastbrot
2 Knoblauchzehen

1 Bio-Zitrone
3 EL TK-Basilikum
4 EL Olivenöl
3 EL frisch geriebener
   würziger Hartkäse
Zubereitung: 30 Min.
pro Portion ca. 220 kcal

1 Backofen auf 225° (Umluft 200°) vorheizen. Die Tomaten in eine breite Auflaufform geben und mit Salz und Pfeffer würzen. Den Tofu in Scheiben schneiden und auf die Tomaten legen. Das Toastbrot zerbröckeln und auf den Tofu streuen.

2 Knoblauch schälen und zerdrücken. Die Zitrone heiß abwaschen und abtrocknen. Die Schale abreiben und den Saft auspressen. Alles mit Basilikum und Olivenöl mischen, salzen und pfeffern und über den anderen Zutaten verteilen. Käse aufstreuen. Im Ofen (Mitte) ca. 15 Min. überbacken.

GEFÜLLTER TOFU MIT ZUCCHINISTREIFEN

Raffiniert kombiniert für Gäste

250 g Tofu
4 getrocknete, in Öl
  eingelegte Tomaten
2 EL Kapern
Salz
Pfeffer
3 EL Öl

edelsüßes Paprikapulver
2–3 gelbe und grüne
  Zucchini (400 g)
⅛ l Gemüsebrühe
8 Zweige Basilikum
Zubereitung: 25 Min.
pro Portion ca. 150 kcal

1 Den Tofublock zweimal diagonal durchschneiden, sodass vier Dreiecke entstehen. Jedes Dreieck ein-, aber nicht durchschneiden. Vorsichtig etwas Tofu aus der Mitte herauslösen. Tomaten hacken, mit Kapern, Salz und Pfeffer würzen. Die Mischung in die Tofudreiecke füllen. In 2 EL heißem Öl rundherum goldbraun anbraten, dabei mit Paprikapulver und Salz würzen.

2 Die Zucchini waschen, putzen und in Streifen schneiden. In 1 EL Öl anbraten, mit Brühe ablöschen, würzen und 5 Min. dünsten. Basilikum abbrausen, trocken schütteln, klein schneiden und dazugeben. Mit den Tofupäckchen und der restlichen Füllung anrichten.

SÜSSES

GEBRATENE SCHUPF- NUDELN MIT MOHN

Traditionelle Mehlspeise

1 Bio-Zitrone	400 g Schupfnudeln
175 g entsteinte Sauer-	(Kühlregal)
kirschen (Glas)	30 g gemahlener Mohn
2 kleine Äpfel	2 EL Puderzucker
1–2 TL Speisestärke	***Zubereitung: 25 Min.***
30 g Butter	***pro Portion ca. 335 kcal***

1   Die Zitrone heiß abwaschen und abtrocknen, Schale abreiben, Saft auspressen. Die Kirschen abtropfen lassen, Saft auffangen. Die Äpfel schälen, vom Kerngehäuse befreien und in Spalten schneiden, in Zitronensaft wenden.

2   Kirschen und Äpfel in einem Topf erwärmen. Den Kirschsaft mit Stärke glatt rühren und dazugeben. Alles unter Rühren 2 Min. kochen, dann beiseitestellen und abkühlen lassen.

3   Die Butter in einer breiten Pfanne aufschäumen und die Schupfnudeln darin goldgelb braten. Mohn mit Puderzucker und Zitronenschale über die Schupfnudeln geben und zusammen mit dem Kompott anrichten.

HAFER-QUARK-BLINI MIT BEERENSALAT

Süßes zum Sattessen

3 Eier
3 EL Zucker
1 TL Vanillezucker
100 g Magerquark
100 ml Milch
50 g Schmelzflocken
(Instant-Hafer-
flocken)

80 g Mehl
1 EL Butter
300–400 g gemischte
Beeren
Zubereitung: 20 Min.
pro Portion ca. 315 kcal

1 Die Eier mit 2 EL Zucker, Vanillezucker und 2 EL heißem Wasser schaumig schlagen. Quark und Milch einrühren, dann auch Schmelzflocken und Mehl dazugeben.

2 Etwas Butter in einer beschichteten Pfanne aufschäumen. Für jeden Blini etwa zwei EL Teig hineingeben und von beiden Seiten goldbraun backen. Nach und nach ca. zehn Blini backen, zwischendurch noch etwas Butter in die Pfanne geben.

3 Die Beeren waschen, verlesen und nach Belieben klein schneiden. Mit 1 EL Zucker mischen und zu den Blini servieren.

ORANGEN-RISOTTO MIT PFIRSICHSALAT

Italienischer Klassiker auf süße Art

1 Bio-Orange
1 EL Butter
125 g Risottoreis
300 ml Milch
1 EL Zucker
2 EL Mascarpone
(ca. 50 g)

1 großer Pfirsich
1 Päckchen Vanille-zucker
2 EL gehackte Pista-zienkerne

Zubereitung: 30 Min.
pro Portion ca. 310 kcal

1 Die Orange heiß abwaschen, Schale fein abreiben, Saft auspressen. Die Butter in einem kleinen Topf aufschäumen, Reis und Orangenschale einrühren. Nach und nach die Milch angießen und den Reis ca. 15 Min. garen. Zucker, Mascarpone und Orangensaft einrühren, weitere 5 Min. garen.

2 Inzwischen den Pfirsich waschen, entsteinen und klein schneiden, mit Vanillezucker mischen. Zusammen mit dem süßen Risotto anrichten, Pistazienkerne aufstreuen.

GRIESSKLÖSSCHEN MIT FRUCHTIGER SAUCE

Sorgt für Sommerlaune

Salz
¼ l Milch
2 TL Butter
1 EL Zucker
abgeriebene Schale von
 ½ Bio-Zitrone
100 g Grieß

1 Ei
250 ml Smoothie (Sorte
 nach Geschmack)
2 EL gehackte Mandeln
Zubereitung: 30 Min.
pro Portion ca. 235 kcal

1 Topf mit Salzwasser aufsetzen. Milch mit Butter, Salz, Zucker und Zitronenschale aufkochen. Den Grieß einrühren und quellen lassen, bis er sich vom Topfrand löst. Etwas abkühlen lassen, das Ei gut unterrühren. Mit zwei Esslöffeln Klößchen formen und in siedendes Salzwasser geben, die Löffel zwischendurch immer wieder in kaltes Wasser tauchen. Die Klößchen bei schwacher Hitze 15 Min. gar ziehen lassen.

2 Den Smoothie auf zwei Teller verteilen. Die Klößchen mit einer Schaumkelle daraufsetzen. Die Mandeln in einer Pfanne rösten, bis sie duften und über die Klößchen streuen.

PFLAUMENBROTE
MIT ZIMTZUCKER

Feine Resteverwertung

2 Weizenbrötchen vom
   Vortag
5–6 EL Pflaumenmus
   (ca. 60 g)
⅛ l Milch
1 Ei
1 EL Zucker

50 g weiche Back-
   pflaumen
50 ml Orangensaft
50 g Butterschmalz
1 TL Zimtpulver
2 EL Puderzucker
Zubereitung: 30 Min.
pro Portion ca. 310 kcal

1   Die Brötchen in ½ cm dicke Scheiben schneiden. Je eine Scheibe mit Pflaumenmus bestreichen
und mit einer zweiten belegen. Die Milch mit Ei
und Zucker verrühren, Brötchenpäckchen darin
wenden und 5 Min. ziehen lassen. Die Backpflau-
men im Orangensaft einmal aufkochen. Vom
Herd nehmen.

2   Das Butterschmalz erhitzen und Brötchenpäckchen darin von beiden Seiten goldgelb braten. Auf Küchenpapier abtropfen lassen. Zimt und
Puderzucker mischen und darübergeben. Dazu
die Pflaumen reichen.

CRÊPES MIT KARAMEL-LISIERTER ANANAS

Ungemein verführerisch

100 g Mehl	2 EL Ahornsirup oder
1 Ei	Honig
200 ml Milch	40 g getrocknete
50 ml starker Espresso	Cranberrys
½ frische Ananas	***Zubereitung: 25 Min.***
3 EL Butter	***pro Portion ca. 290 kcal***
1 EL Zucker	

1 Mehl, Ei, Milch und Espresso verrühren und 10 Min. quellen lassen. Die Ananas schälen, halbieren und vom Strunk befreien. In Scheiben schneiden.

2 2 EL Butter in einer breiten Pfanne aufschäumen. Zucker und Sirup oder Honig einrühren. Die Ananas darin goldgelb karamellisieren. Cranberrys untermischen.

3 Aus dem Teig nach und nach in ganz wenig Butter sechs bis acht dünne Crêpes backen. Zusammen mit der Ananas anrichten.

REGISTER

IMPRESSUM

Autorin: Angelika Ilies arbeitet als freie Food-Journalistin und Buchautorin und schreibt über alles, was mit Essen und Trinken zu tun hat. Alltagstaugliche Rezepte, die leicht gelingen und wunderbar schmecken sind ihr Spezialgebiet und passen in jede Handtasche.

Fotograf: Wolfgang Schardt fotografiert in seinem Studio in Hamburg mit viel Feingefühl für Farben und Formen vor allem für Magazine, Verlage und Werbung. Für das Foodstyling der vegetarischen Handtaschen-rezepte war Roland Geiselmann verantwortlich, Fotoassistentin war Janet Hesse.

Bildnachweis: Alle Fotos von Wolfgang Schardt

Syndication:
www.syndication.de

Illustrationen: Shutterstock images UC

Projektleitung: Monika Greiner
Lektorat: Margarethe Brunner
Korrektorat: Waltraud Schmidt
Cover und Innenlayout: Independent Medien-Design, Horst Moser, München
Herstellung: Markus Plötz
Satz: Christopher Hammond
Reproduktion: Longo AG, Bozen
Druck: Printed in China

ISBN 978-3-8338-2625-2

1. Auflage 2012

GRÄFE
UND
UNZER

Ein Unternehmen der
GANSKE VERLAGSGRUPPE